BEI GRIN MACHT SICH IHR WISSEN BEZAHLT

AF130151

- Wir veröffentlichen Ihre Hausarbeit, Bachelor- und Masterarbeit

- Ihr eigenes eBook und Buch - weltweit in allen wichtigen Shops

- Verdienen Sie an jedem Verkauf

Jetzt bei www.GRIN.com hochladen und kostenlos publizieren

Bibliografische Information der Deutschen Nationalbibliothek:

Die Deutsche Bibliothek verzeichnet diese Publikation in der Deutschen National-
bibliografie; detaillierte bibliografische Daten sind im Internet über http://dnb.d-
nb.de/ abrufbar.

Impressum:

Copyright © 2015 GRIN Verlag, Open Publishing GmbH
Druck und Bindung: Books on Demand GmbH, Norderstedt Germany
ISBN: 9783668257627

Dieses Buch bei GRIN:

http://www.grin.com/de/e-book/336131/investitionsentscheidung-und-prozess-
einer-biogasanlage-darstellung-und

Frederik Küster

Investitionsentscheidung und -prozess einer Biogasanlage. Darstellung und Analyse

GRIN Verlag

GRIN - Your knowledge has value

Der GRIN Verlag publiziert seit 1998 wissenschaftliche Arbeiten von Studenten, Hochschullehrern und anderen Akademikern als eBook und gedrucktes Buch. Die Verlagswebsite www.grin.com ist die ideale Plattform zur Veröffentlichung von Hausarbeiten, Abschlussarbeiten, wissenschaftlichen Aufsätzen, Dissertationen und Fachbüchern.

Besuchen Sie uns im Internet:

http://www.grin.com/

http://www.facebook.com/grincom

http://www.twitter.com/grin_com

Private Fachhochschule Göttingen

Investitionsentscheidung am Beispiel einer Biogasanlage – Eine Darstellung und Analyse

Hausarbeit zur Erfüllung der Projektarbeit I

Vorgelegt am: 18.05.2015
von: Frederik Küster

Inhaltsverzeichnis

Tabellenverzeichnis

Abbildungsverzeichnis

1 Einleitung

Diese Hausarbeit soll sich im Kern einem wichtigen Thema der Betriebswirtschaftslehre annehmen. Nämlich der Planung und Durchführung einer Investition. Dieses Thema ist insofern von großer Bedeutung, da selbst Großkonzerne sich verkalkulieren können und dann Investitionen, die zuerst die besten Ergebnisse liefern sollten, plötzlich hinter den Erwartungen zurück bleiben oder sogar den ganzen Konzern durch hohe Abschreibungen belasten. Als Beispiel könnte man hier ThyssenKrupp mit Werken in Brasilien nennen, die zunächst zu deutlich niedrigeren Produktionskosten führen sollten dann aber Milliarden an Folgekosten verursachten und den Konzern beinah ruiniert hätten, da bei der Planung bereits gravierende Fehler gemacht wurden.[1] Ein weiteres Beispiel lässt sich auch bei kleineren Unternehmen finden so wie etwa bei SMA, der Hersteller von Wechselrichtern hatte in eine neue Fertigungshalle investiert um übermäßig stark von Photovoltaikboom profitieren zu können. Allerdings war die Profitabilität nur auf Basis von hohen Förderzulagen für die Anlagenbauer gegeben, als die Förderungen dann gekürzt wurde, musste SMA viele Stellen Streichen und Millionen Verluste akzeptieren.[2] Dieses Beispiel verdeutlicht sehr gut, dass Subventionen zwar beachtet werden sollten, aber nicht die Grundlage für eine langfristige Investition sein sollten. Dieser Punkt wird auch in einem späteren Kapitel noch einmal behandelt. Da das Thema Investitionen somit immer noch zu Problemen führen kann soll zunächst in Kapitel 2 erläutert wie eine Investition ablaufen sollte und welche Schritte innerhalb des Unternehmens durchgeführt werden müssen um zu einem erfolgreichen Abschluss zu kommen. In dritten Abschnitt wird dann auf die Funktionsweise von Biogasanlagen eingegangen. Dabei wird einerseits erläutert wie aus der Biomasse Strom und Wärme erzeugt wird und andererseits wird dargestellt, wie liquide Mittel generiert werden. Kapitel 4 wird an Hand von zwei Beispielen prüfen ob und wie profitabel der Betrieb einer Anlage unter aktuellen Bedingungen ist. Im Fazit soll dann zusammengefasst werden für wen und ob sich die Investition in Biogasanlagen noch rentiert oder ob diese Energieform keine Zukunft in Deutschland hat bzw. welchen Beitrag das Biogas zum Energiemix haben kann.

---

[1] Vgl. o.V. (Die versenkten Milliarden), http://www.zeit.de/2012/28/DOS-ThyssenKrupp, S. 1f, 07.05.2015.
[2] Vgl. finanzen.net, (SMA), http://www.finanzen.net/nachricht/aktien/SMA-Solar-Technology-Ausblick-von-Foerderkuerzung-in-Deutschland-gepraegt-1700633, 07.05.2015.

2 Investitionsentscheidung

Bei der Entscheidung ob eine Investition getätigt werden sollte oder nicht hat eine Unternehmung verschiedene Aspekte zu berücksichtigen. Vereinfacht gesagt muss zunächst festgestellt werden in was investiert werden soll, also beispielsweise eine neue Maschine oder eine neue Fabrik. Es wird also beschlossen wofür Kapital verwendet werden soll, dies führt dann zum nächsten wichtigen Punkt nämlich der Frage wie dieses Kapital beschafft oder bereitgestellt werden kann.[3] In Abschnitt 2.1 soll hierbei der Investitionsprozess erläutert werden mit starkem Fokus auf die Investitionsrechnung. Abschnitt 2.2 soll dann auf die verschiedenen Finanzierungsmöglichkeiten eingehen, die Unternehmen zur Verfügung stehen.

2.1 Investitionsprozess

Zunächst soll nun erst einmal der Investitionsprozess genauer betrachtet werden. Dieser Prozess besteht dabei aus 3 Schritten. Am Anfang erfolgt die Planung. Im zweiten Schritt folgt die Durchführung und abgeschlossen wird der Prozess von der Kontrollphase. Diese soll sicherstellen, dass Planung und Realität nicht zu stark abweichen bzw. Abweichungen festgestellt und behoben werden können. Die Planung beginnt damit, dass die Unternehmung eine Situation ausmacht, die eine Investition rechtfertigen würde, darauf hin muss festgestellt werden welche Form der Investition am Besten geeignet ist um das erkannte Problem zu beseitigen.[4] Dabei muss sich der Verantwortliche im Unternehmen auch genau überlegen, welche Chancen und Risiken mit der Investition einhergehen, aber auch Faktoren wie die Entwicklung der Konkurrenz, die technische Entwicklung und Nachfrageentwicklung müssen berücksichtigt werden um ein Objekt wählen zu können, dass am Besten für die erwartetet Zukunft passt. Allerdings sollten auch immer Worst-Case Szenarien durchgegangen werden um vorbereitet zu sein und so besser reagieren zu können.[5]
Sobald eine Vorauswahl getroffen wurde können die verbliebenen Objekte genauer betrachtet werden. Dafür wird eine Investitionsrechnung durchgeführt die alle monetären Ab- und Zuflüsse erfassen und so dem Unternehmen aufzeigen soll, welches Objekt die beste Entscheidung für ihre jeweiligen Spezifikationen ist.[6] Zur Berechnung der Vorteilhaftigkeit können zwei Methoden verwendet werden. Dabei ist es wichtig, dass um eine Vergleichbarkeit zu gewährleisten auf alle Objekte die gleiche Methode verwendet wird. Zur Verfügung steht einerseits das statische Verfahren.

---

[3] Vgl. Bieg, H., Kußmaul, H., (Band I: Investition, 2000), S. 8.
[4] Vgl. Bieg, H., Kußmaul, H., (Band I: Investition, 2000), S. 36ff.
[5] Vgl. Götze, U., (Investitionsrechnung, 2005), S. 18f.
[6] Vgl. Bieg, H., Kußmaul, H., (Band I: Investition, 2000), S. 38.

Dieses bezieht sich nur auf einen Zeitpunkt und geht von einem durchschnittlichen Jahr aus um damit die gesamte Nutzungsperiode darzustellen, es wird also angenommen, dass Zeit kein relevanter Faktor ist. Dieses Verfahren kann sich auf verschiedenen Zielgrößen beziehen, unter anderem Gewinn oder Kosten. Genauer eingegangen wird hier nur auf die Gewinnvergleichsrechnung.[7]

Die dynamische Methode ist dabei deutlich komplizierter, erfasst dafür aber auch alle Zu- und Abflüsse die in den Planungszeitraum fallen und geht dabei auch davon aus, dass gleiche Beträge, sofern sie zu unterschiedlichen Zeiten zu- oder abfließen einen unterschiedlichen Wert darstellen. [8] Bei dieser Methode kann können viele verschiedenen Modelle verwendet werden. Dabei unterscheiden sie sich vor allem darin, dass eine Gruppe mit einem einheitlichen Zinssatz arbeitet und die Anderen mit einem separaten für Objekt und Finanzierung. Um beides abzudecken wird hier die Kapitalwertmethode für den einheitlichen Zinssatz verwendet und die Vermögensendwertmethode für das separate Zinssatzmodell.[9]

2.1.1 Statisches Verfahren

Bei der Gewinnvergleichsrechnung werden anders als bei der Kostenvergleichsrechnung auch die Erlöse mit einbezogen, was den Einsatzbereich dieser Methode deutlich vergrößert, da auch ohne verschiedenen Investitionsobjekte eine Aussage zur Vorteilhaftigkeit getroffen werden kann. Ein Objekt ist Vorteilhaft, sofern es in der betrachteten Periode einen Gewinn erwirtschaftet. Auch ermöglicht die hinzunahmen der Erlöse den Vergleich von Anlagen mit verschiedenen Erlösstrukturen.[10] Verglichen werden bei dieser Methode die Kosten die voraussichtlich durchschnittlich pro Periode anfallen mit den aus der Investition zu erzielenden durchschnittlichen Erträgen.[11] Somit dient das Kostenvergleichsverfahren als Basis und fügt dann nur noch die Umsätze hinzu um die zu erwartenden Jahresgewinne zu vergleichen. Um dies mit einem Beispiel zu erläutern sollen hier zwei Anlagen zu jeweils 10.000€ gekauft werden, beide sollen 10 Jahren laufen und linear abgeschrieben werden. Die Finanzierung erfolgt zu 5% durch eine Bank. Angenommen wird, dass Anlage A 1000 Einheiten fertigt und die andere 1300. Anlage A produziert zu 1€ je Stück und diese können für 3€ verkauft werden, Anlage B dagegen produziert zu 0,95€ und verkauft zu 2,90€ je Stück. Aus Tabelle 1 wird ersichtlich, dass Objekt B die bessere Wahl wäre, obwohl der erwartetet Absatzpreis

---

[7] Vgl. Götze, U., (Investitionsrechnung, 2005), S. 50. Die weiteren Verfahren können ebenfalls in Götzes Buch eingesehen werden.
[8] Vgl. Bieg, H., Kußmaul, H., (Band I: Investition, 2000), S. 59 und S. 85ff.
[9] Vgl. Götze, U., (Investitionsrechnung, 2005), S. 69f.
[10] Vgl. Obermeier, T., Gasper, R., (Unternehmensbewertung, 2008), S. 27f.
[11] Vgl. Bieg, H., Kußmaul, H., (Band I: Investition, 2000), S. 59 und S. 69f.

niedriger liegt. Dies wird jedoch durch die niedrigeren Stückkosten und die höhere Outputmenge kompensiert.

	Objekt A	Objekt B
Abschreibungen	1.000€	1.000€
Betriebskosten	1.000€	1.235€
Zinskosten[12]	250€	250€
Umsätze	3.000€	3.835€
Gewinn	750€	1.350€

Tabelle 1: Beispiel Gewinnvergleichsrechnung

Allerdings deckt dieses Beispiel auch gut die Schwächen der Methode auf, da ein Vergleich nur möglich ist, wenn Nutzungsdauer und Kapitaleinsatz identisch sind, da Ergänzungs- oder Anschlussinvestitionen nicht berücksichtigt werden können, wenn die zuvor genannten Faktoren abweichen. Auch lässt sich aus dem Vergleich der Gewinne noch keine Aussage dazu treffen, welche Anlage den besseren ROI liefert auch werden Opportunitätskosten nicht berücksichtigt.[13]

2.1.2 Dynamisches Verfahren

Da das dynamische Verfahren das kompliziertere, dafür aber auch das aussagekräftigere Modell ist wird in diesem Abschnitt auf zwei Methode eingegangen. Des Weiteren soll auch eine der beiden Methoden im praxisorientierten Kapitel verwendet werden um zu einer fundierten Entscheidung zu gelangen. Als erstes wird nun die Kapitalwertmethode betrachtet. Ein Kapitalwert setzt sich dabei aus allen Ein- und Auszahlungen zusammen. Dabei werden diese Zahlungen mit einem bestimmten Zinssatz verzinst. Es wird dabei ein Kalkulationszinssatz angenommen, der jedem Akteur erlaubt Geld in beliebiger Höhe aufzunehmen oder anzulegen. Somit muss jede Investition diesen Wert übertreffen, da sonst die risikofreie Anlage die bessere Wahl wäre. Durch die auf- bzw. abgezinsten Zahlungen werden die Geldflüsse so angepasst, dass ihr Wert am Tag der Planung bekannt ist.[14] Dies soll nun mit einem kurzen Beispiel erläutert werden. Wenn eine Person eine Zahlung von 10.000€ in 5 Jahren erwartet und einen Zinssatz von 5% annimmt, dann ist dieser Betrag auf den heutigen Zeitpunkt nur 7.835,26€ Wert.[15] Der sich ergebene Betrag kann auch als Barwert bezeichnet werden, und ist als absolut Vorteilhaft anzusehen, sofern er größer als Null. Eine relative Vorteilhaftigkeit ist gegeben sofern der Wert höher ist als der von

---

[12] Die Zinskosten werden auf die durchschnittliche Kapitalbindung berechnet, da ein Tilgungsdarlehen verwendet wird.
[13] Vgl. Heesen, B., (Investitionsrechnung für Praktiker, 2012), S. 10.
[14] Vgl. Götze, U., (Investitionsrechnung, 2005), S. 71.
[15] Verwendete Formel: $KW = 10.000€ \cdot 1,05^{-5}$

den alternativen Lösungen. Die gesamte Formel für die Kapitalwert Ermittlung setzt sich wie folgt zusammen[16]:

$$KW = -A_o + \sum_{t=1}^{T}((p_t - a_{vt}) * x_t - A_{ft}) * q^{-t} + L * q^{-T}$$

Dabei werden alle wichtigen Faktoren wie Preis des Objektes, Verkaufspreise und die Absatzmenge berücksichtigt, allerdings könnten Steuer nicht mit berücksichtigt werden. Nachteilig ist bei dieser Methode, dass immer nur von einem Produkt ausgegangen werden kann, dass immer im vollem Umfang am Markt abgesetzt wird.[17]

Nun soll noch die Vermögensendwertmethode vorgestellt werden. Anders als bei der Kapitalwertmethode wird hier der Wert aller Zahlungen am Ende des Planungszeitraumes betrachtet. Auch wird nicht mehr von einem einheitlichen Zinssatz ausgegangen sondern von abweichenden für die Anlage von Geld und für die Darlehensaufnahme. Daraus ergibt sich die Notwendigkeit einer Formel welche die Zuflüsse erfasst und einer Weiteren in der die Abflüsse bzw. die Kosten für die Kapitalbeschaffung erfasst werden.[18]

Als erstes wird der Endwert des Vermögens berechnet: $V_{T+} = \sum_{t=0}^{T} N_{T+} * (1+h)^{T-t}$

Darauf folgenden der Vermögensendwert der Finanzierung: $V_{T-} = \sum_{t=0}^{T} N_{T-} * (1+s)^{T-t}$

N steht hierbei für Nettozahlungen die entweder positiv oder negativ ausfallen können. Die beiden kleinen Buchstaben h und s stehen in der Formel für die verschiedenen Verzinsungen. T steht für die Endperiode und klein t für die aktuelle Periode.[19] Schlussendlich müssen die beiden Konten noch verrechnet werden um eine Aussage über den Vermögensendwert treffen zu können. Dabei sollte der Endwert des Vermögens positiv sein und das Verbindlichkeitskonto negativ. Eine absolute Vorteilhaftigkeit ist ähnlich wie bei der Kapitalwertmethode gegeben sofern sich ein positiver Betrag ergibt. Beim Vergleich von mehreren Alternativen ist darauf zu achten, dass sofern sich die Nutzungsdauer unterscheidet, der Vermögensendwert zu nächst ganz normal bis zum Ende der jeweiligen Laufzeit berechnet wird und dann der sich ergebenen Betrag mit dem Habenzinssatz aufgezinst wird bis er die selbe Nutzungsdauer erreicht.[20] Um dies nun noch kurz mit einem Beispiel zu verdeutlichen wird angenommen, dass einen Maschine für 150.000€ gekauft wird, die 5 Jahre laufen soll. Der Darlehenszinssatz beträgt 4%, wohin gegen die Habenverzinsung bei 1% liegt. Es wird angenommen, dass die Anlage am Ende keinen Wert mehr besitz und dass zunächst Einzahlungen von 25.000€ erfolgen diese jährlich um 2.500€ gesteigert werden.

---

[16] Die Formel und Erläuterungen wurde dem Werk von Götze, U., (Investitionsrechnung, 2005), S.72f entnommen.
[17] Vgl. Götze, U., (Investitionsrechnung, 2005), S.72.
[18] Vgl. Bieg, H., Kußmaul, H., (Band I: Investition, 2000), S. 142f.
[19] Die Formel und Erläutern wurde dem Werk von Götze, U., (Investitionsrechnung, 2005), S.110ff entnommen.
[20] Vgl. Götze, U., (Investitionsrechnung, 2005), S.113.

$V_{5+}=25.000*1,01^4 +27.500*1,01^3 +30.000*1,01^2 +32.500*1,01 + 35.000 =152.776€$

$V_{5-}=-150.000€*1,04^5 =182.498€$

$VE= 152.776€ - 182.498€ = -29.772€$

Somit ergibt sich trotz niedriger Marktzinsen ein negativer Vermögensendwert, somit ist dieses Objekt nicht als Investition zu empfehlen, da etwa 30.000€ zu wenig erzielt werden. Bei einer risikofreien Anlage wären immerhin etwa 8.000€ generiert wurden. Zu beiden Modellen soll hier noch gesagt werden, dass versucht wurde die Komplexität bei der Erläuterung gering zu halten um schnell die wichtigsten Fakten vorzustellen ohne zu sehr ins Detail zu gehen.

2.2 Finanzierungsmöglichkeiten

In diesem Abschnitt soll nun noch kurz die verschiedenen Finanzierungsvarianten vorgestellt werden und auch auf die Instrumente eingegangen werden die in diesen zur Verfügung stehen. Grundsätzlich hat die Finanzierung das Ziel Geldmitte zu beschaffen um einen bestimmten Zweck damit zu erfüllen. Dabei muss immer das unternehmerische Grundziel der Liquiditätssicherung erfüllt sein um die Existenz des Unternehmens zu gewährleisten. Im Endeffekt läuft eine Finanzierung darauf hinaus dass Kapitalgeber (Investoren, Banken und ähnliches) sich mit dem Kapitalnehmer (Unternehmer) auf bestimmte Konditionen einigen und dann Mittel zur Verfügung stellen.[21] Eine Ausnahme bildet dabei die Innenfinanzierung, da bei dieser Methode die Mittel aus betriebsinternen Prozessen generiert werden. Die Innenfinanzierung wird zu den Finanzierungsarten gerechnet. Diese Arten betrachten dabei nur wo die Mittel herkommen (Mittelherkunft im Fokus; siehe Anhang 1). Neben der Herkunft kann auch die Rechtsstellung als Kriterium verwenden werden (Anhang 2). Dabei wird danach unterschieden ob Eigen- oder Fremdkapital aufgenommen wird. Des Weiteren kann nach der Fristigkeit unterschieden werden, also nach der Dauer die das Unternehmen mit den Mitteln arbeiten kann (Anhang 3).[22] Somit gibt es neben der Innenfinanzierung auch noch eine Außenfinanzierung. Diese wird vom Unternehmen genutzt um sich Eigen- oder Fremdkapital zu beschaffen. Da in dieser Arbeit die Investitionsentscheidung im Vordergrund stehen soll wird sich hier vor Allem mit der Beschaffung von Fremdkapital befasst da Eigenkapital einem Unternehmen normalerweise ohne First zur Verfügung gestellt wird. Daher wir es auch nicht verwendet um einzelne Anlagen zu finanzieren sondern eher um große Projekte wie eine Auslandsexpansion durchzuführen oder die finanzielle Situation allgemein zu

---

[21] Vgl. Bieg, H., Kußmaul, H., (Band II: Finanzierung, 2000), S. 21ff.
[22] Vgl. Bieg, H., Kußmaul, H., (Band II: Finanzierung, 2000), S. 34f, 37f, und 41f.

verbessern.[23] Fremdkapital dagegen kann für jedwede Zwecke verwendet werden, sofern das Unternehmen einen Kapitalgeber findet. Dabei erhält der Kreditgeber eine Zusage dazu, wann das Geld zurückgezahlt wird und wie viele Zinsen gezahlt werden sollen. Normalerweise gehen keine Mitspracherechte mit dieser Finanzierungsform einher. Allerdings kann es sein, dass wenn ein Institut die Mehrheit der Fremdmittel zur Verfügung stellt und dabei auch der Verschuldungsgrad des Unternehmens sehr hoch ist dieses trotzdem in den Ablauf des Unternehmens eingreifen, da er eine starke Position inne hat.[24] Die genaue Unterscheidung zwischen Eigen- und Fremdkapital soll hier aber keine größere Rolle spielen, viel mehr sollen die verschiedenen Formen zur Kapital Beschaffung erläutert werden. Grundlegend kann zwischen Kreditfinanzierung und Einlagenfinanzierung unterschieden werden. Bei der Kreditfinanzierung können sich per Kredit oder Darlehen Mittel von verschiedenen Stellen beschafft werden. Als erstes ist natürlich der Kredit über eine Bank zu nennen, aber es wäre genau so möglich einen Lieferantenkredit oder Kundenkredit zu verwenden. Allerdings sind manche Kredite nur für bestimmte Zwecke zu gebrauchen, da ihre Laufzeit begrenz ist und normalerweise sehr hohe Zinsen anfallen, dies ist etwa bei Lieferantenkredit der Fall. Trotzdem kann er verwendet werden um kurzfristige Engpässe zu überwinden, dabei muss allerdings genau gegengerechnet werden ob nicht ein Kontokorrentkredit günstiger wäre. Als letzter wichtiger Punkt bei der Kreditfinanzierung ist die Laufzeit bzw. die Fristigkeit zu erwähnen, da je nach Verwendungszweck eine längere Laufzeit benötigt wird. Bei Investitionen sollte die Finanzierung jedoch immer langfristig organsiert sein.[25] Die Einlagenfinanzierung beschafft den Unternehmen Mittel die unbefristet zur Verfügung stehen. Je nach Gesellschaftsform handelt es sich dabei um Einlagen der Gesellschafter oder um den Nennwert von ausgegebenen Aktien. Um nun bei einer bereits bestehenden GmbH oder Aktiengesellschaft neue Mittel zu generieren muss bei der GmbH entweder die Einlage durch einen bestehenden Gesellschafter aufgestockt werden oder es müssen neue Gesellschafter in das Unternehmen aufgenommen werden. Bei Aktiengesellschaften kann dies ähnlich vollzogen werden. Dazu muss die Gesellschaft nur eine Kapitalerhöhung in der Hauptversammlung durchsetzen und kann danach in der genehmigten Höhe neue Aktien am Markt platzieren und so die Eigenkapitalbasis stärken.[26] Damit sind die wichtigsten Instrumente erläutert wurde, die einem Unternehmen zur Verfügung stehen um sich Mittel zur Finanzierung von Aktivitäten zu beschaffen. In Kapitel 4 wird allerdings nur die Verwendung von Fremdkapital betrachtet und auch kurz auf die

---

[23] Vgl. Bieg, H., Kußmaul, H., (Band III: Finanzwirtschaftliche Entscheidungen, 2000), S. 72.
[24] Vgl. Bieg, H., Kußmaul, H., (Band II: Finanzierung, 2000), S. 193f.
[25] Vgl. Bieg, H., Kußmaul, H., (Band II: Finanzierung, 2000), S. 200ff.
[26] Vgl. Bieg, H., Kußmaul, H., (Band III: Finanzwirtschaftliche Entscheidungen, 2000), S. 73.

Möglichkeit der Nutzung des Aktienmarktes zur Finanzierung von Tätigkeiten eingegangen.

3 Funktionsweise einer Biogasanlage

Zunächst soll nun die Funktionsweise einer Biogasanlage von der Einfüllung des Substrates bis zur Erzeugung des Stroms und der Wärme erläutert werden und dann soll noch die Vergütungsregelung für diese Anlage dargestellt werden.

Biogasanlagen werden dazu genutzt eingebrachtes Substrat (Mais, Gras, Gülle und andere organische Substanzen) zunächst in ein Gas zu verwandeln. Dazu werden diese Stoffe im Fermenter luftdicht verschlossen und es entsteht durch einen Fäulnisprozess das Biogas. Dieses setzt sich zum großen Teil aus Methan und CO2 zusammen. Ebenfalls mit einem Anteil von 10% ist Wasser im Form von Dampf enthalten. Stickstoff, Sauerstoff, Wasserstoff und andere Chemikalien sind ebenfalls in kleinen Mengen im Gas gebunden. Bevor das Gas zur Wärme- und Stromerzeugung genutzt werden kann muss durch ein Trocknungsverfahren der Wassergehalt im Biogas reduziert werden. Ist dies geschehen wird das Gas einem Motor zugeführt und durch dessen Leistung wird ein Generator angetrieben der Strom erzeugt. Dabei entsteht sozusagen als Abfallprodukt (durch die Abwärme des Motors) Wärme die durch einen Wärmetauscher zurück gewonnen werden kann. [27] Die Wärme kann dann je nach örtlicher Gegebenheit für verschiedene Zwecke verwendet werden. Bei dem Unternehmen bei dem der Autor sein Praktikum absolviert hat wurde sie zum Heizen einer benachbarten Schule verwendet und um eine Trocknungsanlage für Holz zu betreiben. Hierbei ist interessant zu erwähnen, dass bei der Verwendung der Wärme nicht die Gewinnwirtschaftung im Fokus stand, da die Trocknung des Holzes ein Nullsummenspiel ist, sondern es sollte nur eine möglichst hohe Wärmenutzung erzielt werden um eine Bonusvergütung zu erhalten. Dabei wird jede Kilowattstunde (Wärme) die nicht für den Betrieb der Anlage selbst verwendet wird mit einem Bonus von 3 Cent (Stand 2014) vergütet, die restlichen kWh werden mit 2 Cent vergütet. Dieser Bonus wird allerdings erst gezahlt, wenn ein Nutzungsgrad von 60% oder mehr erreicht wurde.[28] Abbildung 1 verdeutlicht noch einmal kurz den Aufbau einer Biogasanlage und der Prozess von der Zugabe des Substrates bis zur Storm- und Wärmeerzeugung.

---

[27] Vgl. Linde, C., Dittrich, B., (Biogasanlagen, 2013), S. 10f.
[28] Vgl. Wenning, P., (Biogasanlagen Wirtschaftlichkeitsanalyse, 2014), S. 18.

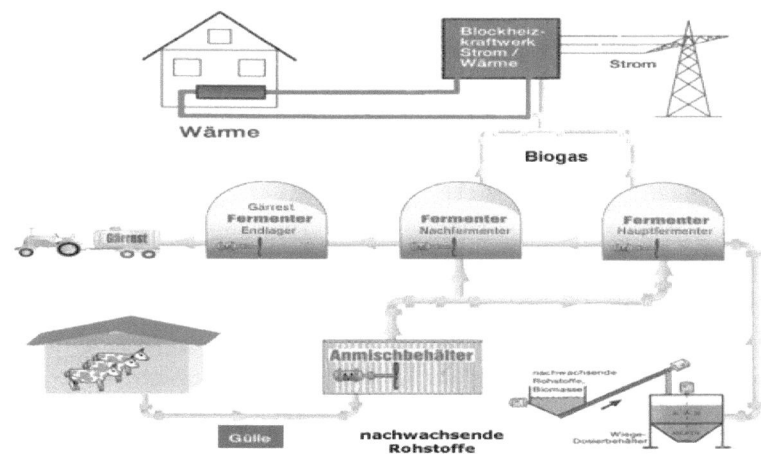

Abbildung 1: Funktionsweise einer Biogasanlage[29]

Um nun noch kurz auf die Vergütung für die eingespeiste Energie einzugehen, soll hier zunächst die Entwicklung erläutert werden. Das erste Mal erwähnt wurde die besondere Vergütung für Biogasanlage im EEG 2004 und setzte sich dabei aus einer Grundprämie und 3 Bonusprämien zusammen welche durch die Erfüllung von verschiedenen Auflagen erhalten werden konnten. Der erste Bonus bezieht sich darauf, dass die Anlage größtenteils oder ausschließlich mit nachwachsenden Rohstoffen, also Produkten die auf den Feldern der Bauern wachsen betrieben wird. Der KWK-Bonus betraf das Thema der gekoppelten Nutzung von Wärme und Storm. Wie auf Seite 8 bereits erwähnt ging es dabei darum, dass nicht nur der Strom eingespeist werden sollte sondern auch die Wärme einen sinnvollen Nutzen haben sollte.[30] Des Weiteren wurde ein Technologiebonus für die Anlagenbetreiber bewährt, die auf besonders effiziente und neue Motoren setzten oder neuere, aufwendigere Verfahren zur Biogaserzeugung verwenden. Zudem wurde kleineren Anlagen ein Bonus gewährt, wenn sie aus Gülle oder aus den Abfällen der Landschaftspflege Biogas gewannen. Nun muss jedoch gesagt werden, dass alle diese Besonderheiten für Anlagen die ab 2015 gebaut werden keine Bedeutung mehr haben und sie nur noch eine Vergütung entsprechend ihrer Größe erhalten. In diesen Zahlungen sind auch

[29] Entnommen von Biokon, (Aufbau einer Biogasanlage), http://www.nep-group.com/text/funktion-von-biogas/aufbau-einer-biogasanlage.html, 10.05.2015 für eine animierte Darstellung der Funktionsweise siehe: EnviTec Biogas, (EnviFarm Classic), http://www.envitec-biogas.de/microsite_envitec/classic/index_de.html#, 11.05.2015.
[30] Vgl. Umweltbundesamt, (Biogaserzeugung), http://spin-project.eu/downloads/0_Hintergrundpapier_Biogas_D.pdf, S.12f, 10.05.2015.

einige der Bonuszahlungen verrechnet, da ihre Erfüllung zwischenzeitlich gesetzlich vorgesehen ist. Somit erhalten alle neugebauten Anlagen, aber auch Altanlagen die ihre Kapazität ausbauen nur noch eine einzige Vergütung. Anlagen bis 150 kW erhalten dabei 13,66 Cent je kWh und Anlagen mit bis zu 5 MW erhalten 10,55 Cent/kWh. [31] Die 150 kW Anlage ist dabei eine der bisher am meisten gebauten Anlagen und wird deshalb hier verwendet und die 5 MW Anlage wird verwendet um zu prüfen ob größere Anlagen ein besseres Ergebnis liefern.

4 Investitionsprozess einer Anlage

Bevor nun der Investitionsprozess am Beispiel von zwei verschiedenen Anlagen dargestellt wird sollen hier noch kurz die Annahmen erläutert werden auf denen die folgenden Ausführungen basieren. Die erste wichtige Annahme ist, dass die Anlagen beide gleichzeitig gebaut und in Betrieb genommen werden, auch bei der Nutzungsdauer wird davon ausgegangen, dass sie für beide identisch ist. Des Weiteren wird davon ausgegangen, dass keine weiteren Veränderungen an der Vergütung von Seiten des Staates vorgenommen werden und somit mit einem konstanten Liquiditätszufluss gerechnet werden kann. Zudem wird das verwendete Substrat nicht mit den eigentlichen Kosten der Erzeugung in die Rechnung aufgenommen, sondern es wird ein Durchschnittswert verwendet der die Kosten für die Stromerzeugung wiederspiegelt. Die Finanzierung der Anlage erfolgt zu 100% über einen Kredit der Bank mit einer Zinsfestschreibung über 20 Jahre und einen Zinssatz von 4,5%, dieser Kredit deckt dabei sowohl Investition als auch alle zunächst anfallenden Kosten für den Betrieb der Anlage. Der Zinssatz wurde gezielt etwas höher angesetzt als die aktuelle Marktlage es vorschreiben würde, allerdings soll damit die eigentlich unrealistische Annahme von 20 Jahren Zinsbindung ausgeglichen werden. Der Kredit wird in der Rechnung innerhalb Nutzungsdauer Jahren komplett getilgt. Sollten für die jeweiligen Anlagen noch weitere Annahmen nötig sein, werden diese dann im separaten Kapitel erläutert.

4.1 Motivation/Zielsetzung für den Bau einer Anlage

Die Motivation die in Landwirt mit einem Betrieb zwischen 100 und 200 ha Land zum Bau einer Anlage hat ist häufig einfach nur die Erhaltung seiner Existenz. Dies ist darin begründet, dass mit vielen Bereichen der Landwirtschaft ohne Großflächen oder

---

[31] Siehe Novatech, (Vergütung), http://www.novatechgmbh.com/73.0.html, 10.05.2015.

mehrere tausend Tiere umfassende Ställe keine oder nur geringe Gewinne erwirtschaftet werden können. Als Beispiel für die Motivation zum Bau einer Anlage soll hier der Chef des Betriebs verwendet werden bei dem der Autor sein Praktikum absolviert hat. Dessen Betrieb bestand vor der Anlage aus Milchkühen und der Landwirtschaft, allerdings kostete die Versorgung der Tiere mehr als mit der Milch verdient werden konnte, daher wurde dann entschiedenen eine Anlage zubauen um ein weiteres Standbein aufzubauen und sich so unabhängiger von den schwankenden Marktpreisen zu machen, da bei den Biogasanlagen die Vergütung zunächst für 20 Jahre garantiert wurde. Somit stand nur die Akquirierung einer neuen Geldquelle sowie die weitere effiziente Nutzung der Anbauflächen im Fokus. Diese sehr einfache Motivation zeigt somit einige Schwachpunkt auf, da besonders auf positive Aspekte fokussiert wird und negative Punkte außen vor gelassen werden, auch wird die öffentliche Meinung bzw. Vorurteile, welche die Öffentlichkeit möglicherweise gegen diese Art der Energieerzeugung hat, unberücksichtigt gelassen. Daher sollen jetzt kurz Vor- und Nachteile der Biogasanlage dargestellt werden und auch auf die negativen Aspekte von Anwohner eingegangen werden. Die Vorteilen wurden in den vorherigen Kapiteln bereits teilweise dargestellt und sollen hier nur noch kurz zusammengefasst werden. Bei der Energieerzeugung durch Biogas ist positiv zu erwähnen, dass nur nachwachsende Rohstoffe verwendet werden und diese nicht nur einmal genutzt werden sondern auch nach der Anlagennutzung noch als Dünger für Anbauflächen genutzt werden können. Diese Verwendung der Rohstoffe sorgt auch dafür, dass die Energieerzeugung CO_2 neutral abläuft und keine zusätzliche Belastung für die Umwelt entsteht. Auch werden nun alle Pflanzen verwendet die auf den Feldern wachsen, es kann somit eine Zweitfruchtanbau betrieben werden, welche dadurch auch nicht die Produktion von Lebensmitteln einschränkt. Des Weiteren können Biogasanlagen einen besonderen Beitrag zur Stromversorgung leisten, da sie eine durchgehende dezentrale Versorgung anbieten können, die dabei in ihrer erbrachten Leistung an die Anforderungen des Marktes angepasst werden kann.[32] Auf der negativ Seite stehen auch einige Punkte wobei manche davon nicht zwingend nur mit Biogasanlagen verbunden werden. Der wichtigste Punkt ist sicher die Diskussion ob es bei dem immer höher werdenden Lebensmittelbedarf richtig ist, diese für die Stromerzeugung zu nutzen (Teller vs. Tank).[33] Daneben wird von vielen Kritikern die Gefahr durch auslaufende Flüssigkeiten und eine höhere Belastung an Chemikalien gefürchtet. Diese ist zunächst eine berechtigte Gefahr kann aber durch Bauauflagen und Sicherheitssysteme weitestgehend abgesichert werden. Abschließend soll noch genannt werden, dass viele Anwohner negativ gegenüber einer Biogasanlage

---

[32] Vgl. Drumbl, A., (Öko-Training, 2010), S.151.
[33] Vgl. Degenhart, H., Holstenkamp, L., (Finanzierungspraxis, 2011), S.1.

eingestellt sind, da sie Geruchs- oder Lärmbelästigung in Kombination mit einem Wertverlust des eignen Hauses fürchten.[34] Dies sind Probleme die vermutlich bei jedem großen Bauprojekt auftreten und nicht wirklich angegangen werden können und ein hinnehmbares Problem sind, sofern dadurch nicht die Baugenehmigung verwehret wird.

4.2 Investitionsrechnung

Im nun folgenden Kapitel soll die Kapitalwertmethode verwendet werden um zu überprüfen ob sich der Bau einer 150 kW sowie 5 MW Anlage noch rentiert. Dazu werden zunächst die verschiedenen Kosten erläutert, so z.B. die nötigen Investitionskosten aber auch die Kosten die laufend anfallen würden bzw. zur Wartung und Betreibung notwendig sind. Für die Baukosten wurden Durchschnittswerte verwendet, die hier aber zur Vergleichbarkeit ausreichen sollten. Bei einer 150 kWh Anlage fallen etwa 6.500€ pro kWh an und weitere 1.800€/kWh für das Blockheizkraftwerk (BHKW), bei der größeren Anlage wird 3.000€ pro kWh für die Anlage und 800 €/kWh für das BHKW angesetzt.[35] Bei den Substratkosten wird angenommen, dass die kleinere Anlage etwa 100.000€ verursacht und die größere etwa 2.100.000€. Dies beruht auf der Annahme, dass eine Gülle und Mais als Substrat verwendet wird. Für die Wartungs- und Instandhaltungskosten wird für das BHKW 1,5% und für die Anlage an sich 1% verwendet. Zudem wird davon ausgegangen, dass die Anlage 20 Jahre genutzt werden kann das BHKW dagegen nur 7 Jahre. Des Weiteren werden 20.000€ pro Jahr für weitere Kosten wie Betriebsstoffe oder Gutachten angesetzt und für 36.500€ wird ein Betriebsleiter angestellt der für die Versorgung und Betreibung der Anlage verantwortlich ist. Bei der 5 MW Anlage muss zudem noch gesagt werden, dass der Arbeitsaufwand deutlich größer ist als bei der kleineren Anlage. Somit werden drei Mitarbeiter vorgesehen zum Lohn von 90.000€ pro Jahr.[36] Nun muss noch die Inflation mit eingerechnet werden. Diese beeinflusst dabei nur die Kosten und lässt die Vergütung unberührt, es wird also von keiner Erhöhung der Vergütung ausgegangen. Als Basis wird die Inflation der Jahre 2005-2014 verwendet und der Durchschnitt gebildet. Dieser Wert beläuft sich gerundet auf 1,5%.[37] Da die Kapitalwertmethode vorsieht, dass ein einheitlicher Zinssatz als Kalkulationszinssatz verwendet wird. Wird für die Abzinsung der erhaltenen Zahlungen

[34] Vgl. o.V., (Negative Aspekte von Biogasanlagen), http://www.biogasanlagen-versus-anwohner.de/index.php/negative-aspekte.html, 11.05.2015.
[35] Siehe FNR (Faustzahlen), http://biogas.fnr.de/daten-und-fakten/faustzahlen/, 11.05.2015.
[36] Vgl. Dehning, R., (Wirtschaftlichkeitsvergleich), http://www.uni-kiel.de/Agraroekonomie/arbeiten_PDFs/2012/BA2012DehningLB.pdf, S.33ff und 58ff. 11.05.2015.
[37] Vgl. o.V., (Historische Inflation), http://de.inflation.eu/inflationsraten/deutschland/historische-inflation/vpi-inflation-deutschland.aspx, 11.05.2015.

ebenfalls die 4,5% verwendet. Dies spiegelt zwar keine risikofreie Anlage im aktuellen Marktumfeld wieder. Aber der Zinssatz kann trotzdem als realistischer Wert für eine Alternativanlage angesehen werde.

In Tabelle 2 wurden die benötigten Investitionen für das erste Jahr für beide Anlagen sowie die laufenden Kosten dargestellt. Die Jahresstrommenge wurde berechnet indem von 8.000 Einsatzstunden ausgegangen wurden und dann entsprechend der Leistung der Anlage hochgerechnet wurde. Bereits hier wird deutlich, dass in den ersten Jahren viel Kapitel verbraucht wird und hohe Investitionen notwendig sind. Allerdings ist auch auffällig, dass die 5 MW Anlage nur eine negative Rendite von 13% aufweist wohingegen die 150 kw Anlage auf -42% kommt. Die gesamte Auflistung über die 20 Jahre kann in Anhang 4 und 5 eingesehen werden.

Betriebsjahr	1. Jahr 150 kw Anlage	1. Jahr 5 MW Anlage
Jahresstrommenge in kWh	1200000	40000000
Investitionskosten	1.245.000,00 €	19.000.000,00 €
davon Anlage	975.000,00 €	15.000.000,00 €
davon BHKW	270.000,00 €	4.000.000,00 €
Darlehen	1.400.000,00 €	22.000.000,00 €
Zinskosten	63.000,00 €	990.000,00 €
Substratkosten	100.000,00 €	2.100.000,00 €
Wartung BHKW	4.050,00 €	75.000,00 €
Wartung Anlage	9.750,00 €	175.000,00 €
Sonstige Kosten	20.000,00 €	20.000,00 €
Mitarbeiterkosten	36.500,00 €	90.000,00 €
Summe Kosten	**233.300,00 €**	**3.450.000,00 €**
AFA	87.321,43 €	1.321.428,57 €
Summe Leistungen	**163.920,00 €**	**4.220.000,00 €**
Gewinn	**-69.380,00 €**	**-551.428,57 €**
Tilgung	70.000,00 €	1.100.000,00 €
Cash Flow (Gewinn + AFA - Tilgung)	**-52.058,57 €**	**-330.000,00 €**

Tabelle 2: Investitionsrechnung (eigene Darstellung)

Aus diesen Werten ergibt sich, unter der Verwendung des Kalkulationszinssatzes ein Kapitalwert für die 150 kw Anlage von -1.699.031,50€ und für die 5 MW Anlage von nur -461.537,03€.[38] Somit wird bei der deutlich größeren Anlage wesentlich weniger Geld verbraucht, aber bei keiner konnte ein Zuwachs erzielt werden, was dazu führt, dass die Investition nicht durchgeführt werden sollte. Diese Schlussfolgerung könnte darauf zurückgeführt werden, dass sehr viele Annahmen eher negativ, also eher höher, vorgenommen wurden. Auch ist eine Finanzierung nur durch Fremdkapital in der Praxis nicht zu empfehlen, da dadurch die Risiken steigen und Banken einen

---

[38] Die verwendeten Tabellen können in Anhang 6 und 7 eingesehen werden.

Aufschlag auf ihren Zinssatz vornehmen werden. Aber auch der Beitrag der, zwar vereinfachten, aber auch reduzierten Vergütung soll hier genannt sein. Da die gezahlten Bonus den Unternehmen ermöglichten durch zusätzliche Leistungen die erhaltene Förderung zu erhöhen war es vorher auch leichter eine positive Rendite zu erzielen. Des Weiteren verdeutlicht dieses Ergebnis auch, dass die Landwirtschaft durch ihre extrem verschiedenen Bedingungen von Betrieb zu Betrieb eine sehr genaue Analyse aller Kosten bedürfen um bei der Prüfung auf die Rentabilität zu einem realistischen Ergebnis zukommen. Daher kann davon ausgegangen werden, dass ein Teil des sehr negativen Ergebnisses darauf zurückzuführen ist, dass mit Durchschnittswerten und Annahmen gerechnet wurde, die nicht unbedingt die Praxis wiedergeben.

4.3 Biogasanlagen als Aktiengesellschaften

Um nun noch kurz auf ein weiteres Modell einzugehen soll nun noch die Möglichkeit betrachtet werden Biogasanlagen als Aktiengesellschaft zu betreiben. Diese Gesellschaftsform hat den Vorteil, dass sie den Unternehmern bzw. den Eignern ermöglicht die relativ hohe Investitionssumme nicht nur aus Krediten oder privaten Mittel aufbringen zu müssen sondern auch auf den Kapitalmarkt zugegriffen werden kann um Kapital für die Tätigkeiten zu akquirieren, dass dem Unternehmen aufgrund seiner Struktur auch langfristig zur Verfügung steht. [39] Dabei profitieren diesen Aktiengesellschaft auch von dem aktuellen Trend, dass viele private Investoren bei ihren Investitionen auch einen sozialen Aspekt berücksichtigen und z.B. nicht in Öl- oder Waffenkonzerne investieren sondern eher in Unternehmen die einen Beitrag zur nachhaltigen Umwelt leisten, dieses würde somit auch auf die Biogasanlagen zutreffen, sofern der Investor die in Kapitel 4.1 genannten Nachteile bzw. Vorurteile gegen die Anlagen nicht als zu negativ ansieht. Um nun ein paar Unternehmen zu nennen die dieses Modell betreiben soll hier EnviTec Biogas, Schmack Biogas und KTG Energie genannt werden. Genauer eingegangen wird dabei aber nur auf die KTG Energie, außerdem soll hier noch erwähnt werden, dass Schmack Biogas zwar zunächst eine AG war, dann aber Insolvenz anmelden musst und schließlich aufgekauft und nun nur noch als GmbH geführt wird, somit ist dieses Unternehmen eher als negativ Beispiel anzusehen. [40] Die KTG Energie arbeitet zur Betreibung der Anlagen sehr eng mit ihrem Mutterkonzern der KTG Agrar zusammen und produziert somit die benötigten Substrate auf den eigenen Felder. Des Weiteren werden die

---

[39] Vgl. Handlanger, C., (Aktiengesellschaft, 2008), S. 55.
[40] Vgl. Schmack, (Meilensteine), http://www.schmack-biogas.com/de/company/Meilensteine.html, 11.05.2015, siehe Jahr 2010.

Anlagen von Unternehmen selbst geplant, gebaut und betrieben. Aktuell verfügt das Unternehmen über etwa 53 MW Leistung mit denen ein Umsatz von 65 Mio. € 2014 erwirtschaftet und ein EBIT von 12 Mio. € generiert wurde. Somit arbeitet das Unternehmen sehr profitabel und ist auch bei der Finanzierung sehr effizient aufgestellt, da sich diese aus 3 Säulen zusammensetzt. Zunächst ist das Aktienkapital zu nennen, dass seit dem Börsengang bereits einmal erfolgreich erhöht wurde. Als zweite Finanzierung ist eine Anleihe am Kapitalmarkt platziert wurden. Diese ist zwar mit einem hohen Zinssatz versehen, dafür gewinnt das Unternehmen aber Unabhängigkeit gegenüber den Banken. An dieser Anleihe kann auch die Beliebtheit des Unternehmens bzw. des Geschäftsmodelles verdeutlich werden, da sie aktuell zu einem Kurs von über 105% notiert. Dies bedeutet, dass Anleger bereit sind auf Rendite zu verzichten (Da die Rückzahlungen nur zu 100% erfolgt) um dafür diese Anleihen halten zu können.[41] Als letzter Teil der Finanzierung verfügt das Unternehmen über ein KFW Darlehen, also einen staatlich geförderten Kredit, zu einem deutlich geringeren Zinssatz von (etwa 4%). Somit ist das Unternehmen sehr gut aufgestellt und arbeitet zudem äußert profitabel, auch geht es in der Unternehmenspräsentation auf einen der größten Kritikpunkte der Öffentlichkeit ein (Teller vs. Tank) und versucht sich konstruktiv mit diesem zu befassen und zu einer besseren öffentlichen Wahrnehmung beizutragen.[42]

5 Schlussbemerkung

Um nun im Abschluss dieser Arbeit die wichtigsten Punkt noch einmal zusammen zufassen. Zunächst muss gesagt werden, dass der gesamte Investitionsprozess sehr komplex ist und dadurch auch deutlich umfassender behandelt werden muss um zu einem relevanten Ergebnis zukommen. Nichts desto weniger haben die durchgeführten Berechnungen aufgezeigt, dass es nicht mehr für jeden Landwirt in Frage kommt eine Biogasanlage als weiteres Standbein zu betreiben. Damit dies effizient möglich ist, sind im Vorfeld der Investition genaue Berechnungen nötig. Es ist also erforderlich die laufenden Kosten exakt zu bestimmen, insbesondere die Herstellungskosten des verwendeten Substrates, da diese den größten Kostenblock ausmachen. Des Weiteren ist es zu empfehlen eine sinnvolle Verwendung für die entstehende Wärme zu akquirieren um eine weitere Einnahmequelle zu gewinnen. Zu diesem Thema gibt es viele Ansätze, die aber nicht weiter in dieser Arbeit erläutert werden sollen.

---

[41] Vgl. finanzen.net, (KTG Energie-Anleihe), http://www.finanzen.net/anleihen/A1ML25-KTG-Energie-Anleihe, 11.05.2015.
[42] Vgl. KTG Energie, (Unternehmenspräsentation), http://www.ktg-energie.de/fileadmin/pdf/150305_KTG_Energie_AG_Unternehmenspraesentation_Maerz_2015.pdf, 11.05.2015.

Durch diese gesteigerte Komplexität und die rückläufige Vergütungsstruktur ist auch davon auszugehen, dass der Beitrag kleinere Biogasanlagen am Energiemix eher konstant oder sogar rückläufig sein wird. Ebenfalls ist die weiterhin sehr negative Öffentliche Meinung ein großes Hindernis, da diese dazu beitragen kann, dass Biogasanlagen bereits in der Planung scheitern.

Allerdings könnte sich das Modell von KTG Energie als zukunftsträchtig erweisen, da das Unternehmen bereits länger am Markt ist und durch seine großen Produktionsmengen und günstigen Herstellungskosten sehr profitabel arbeitet. Auch spricht die geplante Erweiterung der Produktionsmenge dafür, dass die Biogasanlage als Großprojekt in der Gesellschaftsform einer Aktiengesellschaft durchaus zukunftsfähig sein kann.[43] Sogar unter der abgesunkenen Vergütung im Jahre 2015.

---

[43] Vgl. TG Energie, (Unternehmenspräsentation), http://www.ktg-energie.de/fileadmin/pdf/150305_KTG_Energie_AG_Unternehmenspraesentation_Maerz_2015.pdf, S. 2, 11.05.2015.

Anhang

Anhang 1[44]: Finanzierungsvorgänge nach Herkunft des Kapitals

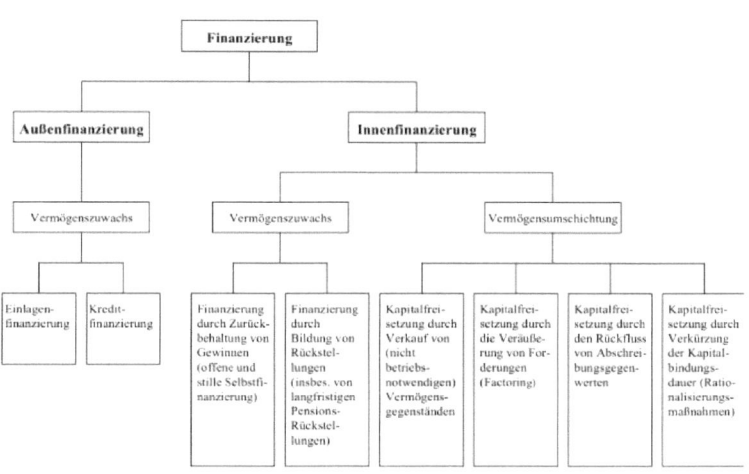

Anhang 2[45]: Finanzierungsvorgänge nach Rechtsstellung

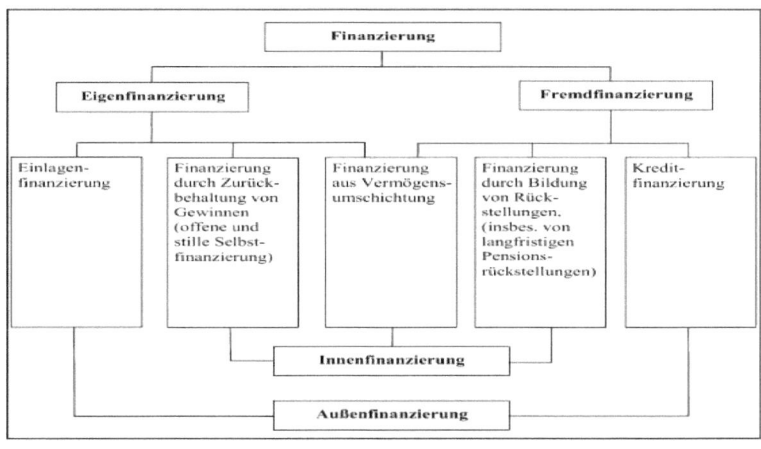

---

[44] Entnommen aus Bieg, H., Kußmaul, H., (Band II: Finanzierung, 2000), S. 35.
[45] Entnommen aus Bieg, H., Kußmaul, H., (Band II: Finanzierung, 2000), S. 38.

Anhang 3[46]: Finanzierungsvorgänge nach Fristigkeit

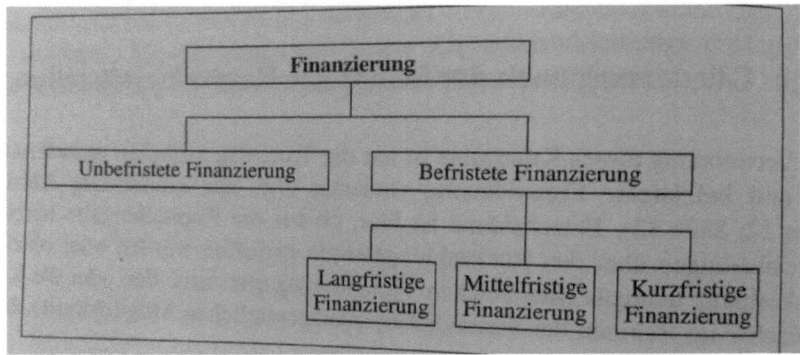

Anhang 4: Investitionsrechnung 150 kw Anlage

Teil 1

Betriebsjahr	1	2	3	4	5	6	7	8	9	10
Jahresstrommenge in kWh	1200000,00	1200000,00	1200000,00	1200000,00	1200000,00	1200000,00	1200000,00	1200000,00	1200000,00	1200000,00
Investitionskosten	1.245.000,00 €									
davon Anlage	975.000,00 €									
davon BHKW	270.000,00 €									
Darlehen	1.400.000,00 €									
Zinskosten	63.000,00 €	59.850,00 €	56.700,00 €	53.550,00 €	50.400,00 €	47.250,00 €	44.100,00 €	40.950,00 €	37.800,00 €	34.650,00 €
Substratkosten	100.000,00 €	101.500,00 €	103.022,50 €	104.567,84 €	106.136,36 €	107.728,40 €	109.344,33 €	110.984,49 €	112.649,26 €	114.339,00 €
Wartung BHKW	4.050,00 €	4.110,75 €	4.172,41 €	4.235,00 €	4.298,52 €	4.363,00 €	4.428,45 €	4.494,87 €	4.562,29 €	4.630,73 €
Wartung Anlage	9.750,00 €	9.896,25 €	10.044,69 €	10.195,36 €	10.348,29 €	10.503,52 €	10.661,07 €	10.820,99 €	10.983,30 €	11.148,05 €
Sonstige Kosten	20.000,00 €	20.300,00 €	20.604,50 €	20.913,57 €	21.227,27 €	21.545,68 €	21.868,87 €	22.196,90 €	22.529,85 €	22.867,80 €
Mitarbeiterkosten	36.500,00 €	37.047,50 €	37.603,21 €	38.167,26 €	38.739,77 €	39.320,87 €	39.910,68 €	40.509,34 €	41.116,98 €	41.733,73 €
Summe Kosten	233.300,00 €	232.704,50 €	232.147,32 €	231.629,03 €	231.150,21 €	230.711,47 €	230.313,39 €	229.956,59 €	229.641,69 €	229.369,31 €
AFA	87.321,43 €	87.321,43 €	87.321,43 €	87.321,43 €	87.321,43 €	87.321,43 €	87.321,43 €	48.750,00 €	48.750,00 €	48.750,00 €
Summe Leistungen	163.920,00 €	163.920,00 €	163.920,00 €	163.920,00 €	163.920,00 €	163.920,00 €	163.920,00 €	163.920,00 €	163.920,00 €	163.920,00 €
Gewinn	- 69.380,00 €	- 68.784,50 €	- 68.227,32 €	- 67.709,03 €	- 67.230,21 €	- 66.791,47 €	- 66.393,39 €	- 66.036,59 €	- 65.721,69 €	- 65.449,31 €
Tilgung	70.000,00 €	70.000,00 €	70.000,00 €	70.000,00 €	70.000,00 €	70.000,00 €	70.000,00 €	70.000,00 €	70.000,00 €	70.000,00 €
Cash Flow (Gewinn + AFA - Tilgung)	- 52.058,57 €	- 51.463,07 €	- 50.905,89 €	- 50.387,60 €	- 49.908,78 €	- 49.470,04 €	- 49.071,96 €	- 87.286,59 €	- 86.971,69 €	- 86.699,31 €

---

[46] Entnommen aus Bieg, H., Kußmaul, H., (Band II: Finanzierung, 2000), S. 42.

Teil 2

Betriebsjahr	11	12	13	14	15	16	17	18	19	20
Jahresstrommenge in kWh	1200000,00	1200000,00	1200000,00	1200000,00	1200000,00	1200000,00	1200000,00	1200000,00	1200000,00	1200000,00
Investitionskosten										
davon Anlage										
davon BHKW										
Darlehen										
Zinskosten	31.500,00 €	28.350,00 €	25.200,00 €	22.050,00 €	18.900,00 €	15.750,00 €	12.600,00 €	9.450,00 €	6.300,00 €	3.150,00 €
Substratkosten	116.054,08 €	117.794,89 €	119.581,82 €	121.355,24 €	123.175,57 €	125.023,21 €	126.898,55 €	128.802,03 €	130.734,06 €	132.695,07 €
Wartung BHKW	4.700,19 €	4.770,69 €	4.842,25 €	4.914,89 €	4.988,61 €	5.063,44 €	5.139,39 €	5.216,48 €	5.294,73 €	5.374,15 €
Wartung Anlage	11.315,27 €	11.485,00 €	11.657,28 €	11.832,14 €	12.009,62 €	12.189,76 €	12.372,61 €	12.558,20 €	12.746,57 €	12.937,77 €
Sonstige Kosten	23.210,82 €	23.558,98 €	23.912,36 €	24.271,05 €	24.635,11 €	25.004,64 €	25.379,71 €	25.760,41 €	26.146,81 €	26.539,01 €
Mitarbeiterkosten	42.359,74 €	42.995,14 €	43.640,06 €	44.294,66 €	44.959,08 €	45.633,47 €	46.317,97 €	47.012,74 €	47.717,93 €	48.433,70 €
Summe Kosten	229.140,10 €	228.954,70 €	228.813,77 €	228.717,98 €	228.668,00 €	228.664,52 €	228.708,24 €	228.799,86 €	228.940,11 €	229.129,71 €
AFA	48.750,00 €	48.750,00 €	48.750,00 €	48.750,00 €	48.750,00 €	48.750,00 €	48.750,00 €	48.750,00 €	48.750,00 €	48.750,00 €
Summe Leistungen	163.920,00 €	163.920,00 €	163.920,00 €	163.920,00 €	163.920,00 €	163.920,00 €	163.920,00 €	163.920,00 €	163.920,00 €	163.920,00 €
Gewinn	- 65.220,10 €	- 65.034,70 €	- 64.893,77 €	- 64.797,98 €	- 64.748,00 €	- 64.744,52 €	- 64.788,24 €	- 64.879,86 €	- 65.020,11 €	- 65.209,71 €
Tilgung	70.000,00 €	70.000,00 €	70.000,00 €	70.000,00 €	70.000,00 €	70.000,00 €	70.000,00 €	70.000,00 €	70.000,00 €	70.000,00 €
Cash Flow (Gewinn + AFA - Tilgung)	- 86.470,10 €	- 86.284,70 €	- 86.143,77 €	- 86.047,98 €	- 85.998,00 €	- 85.994,52 €	- 86.038,24 €	- 86.129,86 €	- 86.270,11 €	- 86.459,71 €

Anhang 5: Investitionsrechnung 5 MW Anlage

Teil 1

Betriebsjahr	1	2	3	4	5	6	7	8	9	10
Jahresstrommenge in kWh	4000000	4000000	4000000	4000000	4000000	4000000	4000000	4000000	4000000	4000000
Investitionskosten	19.000.000,00 €									
davon Anlage	15.000.000,00 €									
davon BHKW	4.000.000,00 €									
Darlehen	22.000.000,00 €									
Zinskosten	990.000,00 €	940.500,00 €	891.000,00 €	841.500,00 €	792.000,00 €	742.500,00 €	693.000,00 €	643.500,00 €	594.000,00 €	544.500,00 €
Substratkosten	2.100.000,00 €	2.131.500,00 €	2.163.472,50 €	2.195.924,59 €	2.228.863,46 €	2.262.296,41 €	2.296.230,85 €	2.330.674,32 €	2.365.634,43 €	2.401.118,95 €
Wartung BHKW	75.000,00 €	76.125,00 €	77.266,88 €	78.425,88 €	79.602,27 €	80.796,30 €	82.008,24 €	83.238,37 €	84.486,94 €	85.754,25 €
Wartung Anlage	175.000,00 €	177.625,00 €	180.289,38 €	182.993,72 €	185.738,62 €	188.524,70 €	191.352,57 €	194.222,86 €	197.136,20 €	200.093,25 €
Sonstige Kosten	20.000,00 €	20.300,00 €	20.604,50 €	20.913,57 €	21.227,27 €	21.545,68 €	21.868,87 €	22.196,90 €	22.529,85 €	22.867,80 €
Mitarbeiterkosten	90.000,00 €	91.350,00 €	92.720,25 €	94.111,05 €	95.522,72 €	96.955,56 €	98.409,89 €	99.886,04 €	101.384,33 €	102.905,10 €
Summe Kosten	3.450.000,00 €	3.437.400,00 €	3.425.353,50 €	3.413.868,80 €	3.402.954,33 €	3.392.618,65 €	3.382.870,43 €	3.373.718,49 €	3.365.171,76 €	3.357.239,34 €
AFA	1.321.428,57 €	1.321.428,57 €	1.321.428,57 €	1.321.428,57 €	1.321.428,57 €	1.321.428,57 €	1.321.428,57 €	750.000,00 €	750.000,00 €	750.000,00 €
Summe Leistungen	4.220.000,00 €	4.220.000,00 €	4.220.000,00 €	4.220.000,00 €	4.220.000,00 €	4.220.000,00 €	4.220.000,00 €	4.220.000,00 €	4.220.000,00 €	4.220.000,00 €
Gewinn	- 551.428,57 €	- 538.828,57 €	- 526.782,07 €	- 515.297,37 €	- 504.382,90 €	- 494.047,22 €	- 484.299,00 €	96.281,51 €	104.828,24 €	112.760,66 €
Tilgung	1.100.000,00 €	1.100.000,00 €	1.100.000,00 €	1.100.000,00 €	1.100.000,00 €	1.100.000,00 €	1.100.000,00 €	1.100.000,00 €	1.100.000,00 €	1.100.000,00 €
Cash Flow (Gewinn + AFA - Tilgung)	- 330.000,00 €	- 317.400,00 €	- 305.353,50 €	- 293.868,80 €	- 282.954,33 €	- 272.618,65 €	- 262.870,43 €	- 253.718,49 €	- 245.171,76 €	- 237.239,34 €

Teil 2

Betriebsjahr	11	12	13	14	15	16	17	18	19	20
Jahresstrommenge in kWh	4000000	4000000	4000000	4000000	4000000	4000000	4000000	4000000	4000000	4000000
Investitionskosten										
davon Anlage										
davon BHKW										
Darlehen										
Zinskosten	495.000,00 €	445.500,00 €	396.000,00 €	346.500,00 €	297.000,00 €	247.500,00 €	198.000,00 €	148.500,00 €	99.000,00 €	49.500,00 €
Substratkosten	2.437.135,74 €	2.473.692,77 €	2.510.798,16 €	2.548.460,13 €	2.586.687,03 €	2.625.487,34 €	2.664.869,65 €	2.704.842,69 €	2.745.415,34 €	2.786.596,57 €
Wartung BHKW	87.040,56 €	88.346,17 €	89.671,36 €	91.016,43 €	92.381,68 €	93.767,40 €	95.173,92 €	96.601,52 €	98.050,55 €	99.521,31 €
Wartung Anlage	203.094,64 €	206.141,06 €	209.233,18 €	212.371,68 €	215.557,25 €	218.790,61 €	222.072,47 €	225.403,56 €	228.784,61 €	232.216,38 €
Sonstige Kosten	23.210,82 €	23.558,98 €	23.912,36 €	24.271,05 €	24.635,11 €	25.004,64 €	25.379,71 €	25.760,41 €	26.146,81 €	26.539,01 €
Mitarbeiterkosten	104.448,67 €	106.015,40 €	107.605,64 €	109.219,72 €	110.858,02 €	112.520,89 €	114.208,70 €	115.921,83 €	117.660,66 €	119.425,57 €
Summe Kosten	3.349.930,43 €	3.343.254,39 €	3.337.220,70 €	3.331.839,01 €	3.327.119,10 €	3.323.070,88 €	3.319.704,45 €	3.317.030,01 €	3.315.057,96 €	3.313.798,83 €
AFA	750.000,00 €	750.000,00 €	750.000,00 €	750.000,00 €	750.000,00 €	750.000,00 €	750.000,00 €	750.000,00 €	750.000,00 €	750.000,00 €
Summe Leistungen	4.220.000,00 €	4.220.000,00 €	4.220.000,00 €	4.220.000,00 €	4.220.000,00 €	4.220.000,00 €	4.220.000,00 €	4.220.000,00 €	4.220.000,00 €	4.220.000,00 €
Gewinn	120.069,57 €	126.745,61 €	132.779,30 €	138.160,99 €	142.880,90 €	146.929,12 €	150.295,55 €	152.969,99 €	154.942,04 €	156.201,17 €
Tilgung	1.100.000,00 €	1.100.000,00 €	1.100.000,00 €	1.100.000,00 €	1.100.000,00 €	1.100.000,00 €	1.100.000,00 €	1.100.000,00 €	1.100.000,00 €	1.100.000,00 €
Cash Flow (Gewinn + AFA - Tilgung)	- 229.930,43 €	- 223.254,39 €	- 217.220,70 €	- 211.839,01 €	- 207.119,10 €	- 203.070,88 €	- 199.704,45 €	- 197.030,01 €	- 195.057,96 €	- 193.798,83 €

Anhang 6: Kapitalwertrechnung 150 kw Anlage

Betriebsjahr:	Einzahlungen €:	Kosten €:	Tilgung €:	Investition €:	Auszahlungen €:	Einzahlungsübersc huss €:	diskontierter Einzah- lungsüberschuss €:	kumulierter Einzahlungsübersc huss €:
1	1.563.920,00 €	233.300,00 €	70.000,00 €	1.245.000,00 €	1.548.300,00 €	15.620,00 €	15.620,00 €	15.620,00 €
2	163.920,00 €	232.704,50 €	70.000,00 €		302.704,50 €	- 138.784,50 €	- 132.808,13 €	117.188,13 €
3	163.920,00 €	232.147,32 €	70.000,00 €		302.147,32 €	- 138.227,32 €	- 126.578,89 €	243.767,03 €
4	163.920,00 €	231.629,03 €	70.000,00 €		301.629,03 €	- 137.709,03 €	- 120.673,95 €	364.440,98 €
5	163.920,00 €	231.150,21 €	70.000,00 €		301.150,21 €	- 137.230,21 €	- 115.075,95 €	479.516,93 €
6	163.920,00 €	230.711,47 €	70.000,00 €		300.711,47 €	- 136.791,47 €	- 109.768,45 €	589.285,39 €
7	163.920,00 €	230.313,39 €	70.000,00 €		300.313,39 €	- 136.393,39 €	- 104.735,50 €	694.021,29 €
8	163.920,00 €	229.956,59 €	70.000,00 €		299.956,59 €	- 136.036,59 €	- 99.363,56 €	793.384,85 €
9	163.920,00 €	229.641,69 €	70.000,00 €		299.641,69 €	- 135.721,69 €	- 95.437,47 €	889.422,32 €
10	163.920,00 €	229.369,31 €	70.000,00 €		299.369,31 €	- 135.449,31 €	- 91.144,44 €	980.566,76 €
11	163.920,00 €	229.140,10 €	70.000,00 €		299.140,10 €	- 135.220,10 €	- 87.071,97 €	1.067.638,73 €
12	163.920,00 €	228.954,70 €	70.000,00 €		298.954,70 €	- 135.034,70 €	- 83.208,21 €	1.150.846,94 €
13	163.920,00 €	228.813,77 €	70.000,00 €		298.813,77 €	- 134.893,77 €	- 79.541,98 €	1.230.388,93 €
14	163.920,00 €	228.717,98 €	70.000,00 €		298.717,98 €	- 134.797,98 €	- 76.062,68 €	1.306.451,60 €
15	163.920,00 €	228.668,00 €	70.000,00 €		298.668,00 €	- 134.748,00 €	- 72.760,26 €	1.379.211,87 €
16	163.920,00 €	228.664,52 €	70.000,00 €		298.664,52 €	- 134.744,52 €	- 69.625,25 €	1.448.837,12 €
17	163.920,00 €	228.708,24 €	70.000,00 €		298.708,24 €	- 134.788,24 €	- 66.648,65 €	1.515.485,77 €
18	163.920,00 €	228.799,86 €	70.000,00 €		298.799,86 €	- 134.879,86 €	- 63.821,97 €	1.579.307,73 €
19	163.920,00 €	228.940,11 €	70.000,00 €		298.940,11 €	- 135.020,11 €	- 61.137,16 €	1.640.444,89 €
20	163.920,00 €	229.129,71 €	70.000,00 €		299.129,71 €	- 135.209,71 €	- 58.586,61 €	1.699.031,50 €

Kapitalwert €: -1.699.031,50 €

Anhang 7: Kapitalwertrechnung 5 MW Anlage

Betriebsjahr:	Einzahlungen €:	Kosten €:	Tilgung €:	Investition €:	Auszahlungen €:	Einzahlungsübersc huss €:	diskontierter Einzahlungsüberschuss €:	kumulierter Einzah- lungsüberschuss €:
1	26.220.000,00 €	3.450.000,00 €	1.100.000,00 €	19.000.000,00 €	23.550.000,00 €	2.670.000,00 €	2.670.000,00 €	2.670.000,00 €
2	4.220.000,00 €	3.437.400,00 €	1.100.000,00 €		4.537.400,00 €	- 317.400,00 €	303.732,06 €	2.366.267,94 €
3	4.220.000,00 €	3.425.353,50 €	1.100.000,00 €		4.525.353,50 €	- 305.353,50 €	279.621,35 €	2.086.646,60 €
4	4.220.000,00 €	3.413.868,80 €	1.100.000,00 €		4.513.868,80 €	- 293.868,80 €	257.516,23 €	1.829.130,37 €
5	4.220.000,00 €	3.402.954,33 €	1.100.000,00 €		4.502.954,33 €	- 282.954,33 €	237.274,56 €	1.591.855,80 €
6	4.220.000,00 €	3.392.618,65 €	1.100.000,00 €		4.492.618,65 €	- 272.618,65 €	218.763,12 €	1.373.092,68 €
7	4.220.000,00 €	3.382.870,43 €	1.100.000,00 €		4.482.870,43 €	- 262.870,43 €	201.857,08 €	1.171.235,60 €
8	4.220.000,00 €	3.373.718,49 €	1.100.000,00 €		4.473.718,49 €	- 253.718,49 €	186.439,57 €	984.796,03 €
9	4.220.000,00 €	3.365.171,76 €	1.100.000,00 €		4.465.171,76 €	- 245.171,76 €	172.401,14 €	812.394,90 €
10	4.220.000,00 €	3.357.239,34 €	1.100.000,00 €		4.457.239,34 €	- 237.239,34 €	159.639,40 €	652.755,49 €
11	4.220.000,00 €	3.349.930,43 €	1.100.000,00 €		4.449.930,43 €	- 229.930,43 €	148.058,57 €	504.696,93 €
12	4.220.000,00 €	3.343.254,39 €	1.100.000,00 €		4.443.254,39 €	- 223.254,39 €	137.569,07 €	367.127,85 €
13	4.220.000,00 €	3.337.220,70 €	1.100.000,00 €		4.437.220,70 €	- 217.220,70 €	128.087,20 €	239.040,65 €
14	4.220.000,00 €	3.331.839,01 €	1.100.000,00 €		4.431.839,01 €	- 211.839,01 €	119.534,75 €	119.505,91 €
15	4.220.000,00 €	3.327.119,10 €	1.100.000,00 €		4.427.119,10 €	- 207.119,10 €	111.838,69 €	7.667,22 €
16	4.220.000,00 €	3.323.070,88 €	1.100.000,00 €		4.423.070,88 €	- 203.070,88 €	104.930,87 €	97.263,66 €
17	4.220.000,00 €	3.319.704,45 €	1.100.000,00 €		4.419.704,45 €	- 199.704,45 €	98.747,72 €	196.011,38 €
18	4.220.000,00 €	3.317.030,01 €	1.100.000,00 €		4.417.030,01 €	- 197.030,01 €	93.229,95 €	289.241,33 €
19	4.220.000,00 €	3.315.057,96 €	1.100.000,00 €		4.415.057,96 €	- 195.057,96 €	88.322,32 €	377.563,65 €
20	4.220.000,00 €	3.313.798,83 €	1.100.000,00 €		4.413.798,83 €	- 193.798,83 €	83.973,38 €	461.537,03 €

Kapitalwert €: - 461.537,03 €

Literaturverzeichnis

Bieg, H., Kußmaul, H., (Band I: Investition 2000), Investitions- und Finanzierungsmanagement. Band I: Investition, 1. Auflage, München 2000.

Bieg, H., Kußmaul, H., (Band II: Finanzierung 2000), Investitions- und Finanzierungsmanagement. Band II: Finanzierung, 1. Auflage, München 2000.

Bieg, H., Kußmaul, H., (Band III: Finanzwirtschaftliche Entscheidungen 2000), Investitions- und Finanzierungsmanagement. Band III: Finanzwirtschaftliche Entscheidungen, 1. Auflage, München 2000.

Götze, U., (Investitionsrechnung 2005), Investitionsrechnung. Modelle und Analysen zur Beurteilung von Investitionsvorhaben, 5. überarbeitete Auflage, Berlin 2005.

Heesen, B., (Investitionsrechnung für Praktiker 2012), Investitionsrechnung für Praktiker. Fallorientierte Darstellung der Verfahren und Berechnungen. 2. Auflage, Wiesbaden 2012.

Obermeier, T., Gasper, R., (Unternehmensbewertung 2008), Investitionsrechnung und Unternehmensbewertung, 1. Auflage, München 2008.

Linde, C., Dittrich, B., (Biogasanlagen 2013), Biogasanlagen Anlagenbeschreibung - Ex-Gefahren - Atemgifte - Elektrische Gefahren - Gewässergefährdung – Einsatzbeispiele, 1. Auflage, München 2013.

Handlanger, C., (Aktiengesellschaft 2008), Die europäische Aktiengesellschaft als Rechtsform für den Mittelstand, 2. Auflage, Paderborn 2008.

Drumbl, A., (Öko-Training 2010), Öko-Training, 2. Auflage, Berlin 2010.

Degenhart, H., Holstenkamp, L., (Finanzierungspraxis 2011), Finanzierungspraxis von Biogasanlagen in der Landwirtschaft: Eine empirische Untersuchung zu Stand und Entwicklungslinien, 1. Auflage, Wiesbaden 2011.

o.V. (Die versenkten Milliarden), Stahlgeschäft. Die versenkten Milliarden, http://www.zeit.de/2012/28/DOS-ThyssenKrupp, 11.05.2015.

finanzen.net, (SMA), SMA Solar Technology, http://www.finanzen.net/nachricht/aktien/SMA-Solar-Technology-Ausblick-von-Foerderkuerzung-in-Deutschland-gepraegt-1700633, 11.05.2015.

Biokon, (Aufbau einer Biogasanlage), Aufbau einer Biogasanlage, http://www.nep-group.com/text/funktion-von-biogas/aufbau-einer-biogasanlage.html, 10.05.2015.

Umweltbundesamt, (Biogaserzeugung), Biogaserzeugung in Deutschland, http://spin-project.eu/downloads/0_Hintergrundpapier_Biogas_D.pdf, 10.05.2015.

EnviTec Biogas, (EnviFarm Classic), http://www.envitec-biogas.de/microsite_envitec/classic/index_de.html#, 11.05.2015.

Schmack, (Meilensteine), Meilensteine der Firmengeschichte, http://www.schmack-biogas.com/de/company/Meilensteine.html, 11.05.2015.

finanzen.net, (KTG Energie-Anleihe), KTG Energie-Anleihe: 7,250% bis 28.09.2018,
http://www.finanzen.net/anleihen/A1ML25-KTG-Energie-Anleihe, 11.05.2015.

Novatech, (Vergütung), Vergütung EEG, http://www.novatechgmbh.com/73.0.html, 11.05.2015.

KTG Energie, (Unternehmenspräsentation), Unternehmenspräsentation der KTG Energie AG,
http://www.ktg-
energie.de/fileadmin/pdf/150305_KTG_Energie_AG_Unternehmenspraesentation_Maerz_2015.pdf,
11.05.2015.

o.V., (Negative Aspekte von Biogasanlagen), Negative Aspekte von Biogasanlagen. Warum
Biogasanlagen das Artensterben massiv fördern!, http://www.biogasanlagen-versus-
anwohner.de/index.php/negative-aspekte.html, 11.05.2015. Sehr populistische Quelle, liefert aber ein
gutes Bild der öffentlichen Meinung.

FNR (Faustzahlen), Faustzahlen Biogas http://biogas.fnr.de/daten-und-fakten/faustzahlen/, 11.05.2015.

Dehning, R., (Wirtschaftlichkeitsvergleich), Wirtschaftlichkeitsvergleich typischer Biogasanlagen zwischen
den EEG-Novellen 2009 und 2012, http://www.uni-
kiel.de/Agraroekonomie/arbeiten_PDFs/2012/BA2012DehningLB.pdf, 11.05.2015.

o.V., (Historische Inflation), Historische Inflation Deutschland,
http://de.inflation.eu/inflationsraten/deutschland/historische-inflation/vpi-inflation-deutschland.aspx,
11.05.2015.

BEI GRIN MACHT SICH IHR
WISSEN BEZAHLT

- Wir veröffentlichen Ihre Hausarbeit,
  Bachelor- und Masterarbeit

- Ihr eigenes eBook und Buch -
  weltweit in allen wichtigen Shops

- Verdienen Sie an jedem Verkauf

Jetzt bei www.GRIN.com hochladen
und kostenlos publizieren